Sigrid Engelbrecht

# Ich nehm' mir heute Zeit für mich

Sigrid Engelbrecht

# Ich nehm' mir heute Zeit für mich

## 10 Tipps für den achtsamen Umgang mit sich selbst

KREUZ

FSC
www.fsc.org
MIX
Papier aus verantwortungsvollen Quellen
FSC® C106847


www.kreuz-verlag.de

Umschlaggestaltung: Vogelsang Design
Umschlagmotiv: © shutterstock
Innengestaltung und Satz: agentur IDee
Herstellung: fgb · freiburger graphische betriebe
www.fgb.de

Printed in Germany

ISBN 978-3-451-61302-9

# Inhalt

# Einleitung

Es fühlt sich so an, als müssten Sie ständig mehrere Bälle in der Luft behalten. Immer neue Herausforderungen und Aufgaben, um die Sie sich kümmern müssen, kommen auf Sie zu. Sie sorgen für Ihre Familie und für Ihren Arbeitsplatz, Sie pflegen Ihre Freundschaften und sorgen für Ihren Lebensunterhalt. Aber wer sorgt eigentlich für Sie? Sollten Sie selbst und Ihre Bedürfnisse nicht mindestens genauso wichtig sein?

Viele Menschen sind heute weit von einem „gesunden Egoismus" entfernt. Sie haben es verlernt, achtsam mit sich selbst umzugehen, auf ihren Körper zu hören und für ihre Seele zu sorgen. Ab und zu mag man sich vielleicht mit einer Praline oder einem heißen Bad „verwöhnen" – und vergisst dabei, dass Zeit für uns selbst nichts mit Luxus oder Verwöhnen zu tun hat, sondern ein wichtiges Grundbedürfnis ist. Wenn wir gut für uns selbst sorgen und uns wertschätzen und achten, können wir auch besser mit den alltäglichen Herausforderungen umgehen.

Je länger wir aber unsere Bedürfnisse missachten, Warnsignale ignorieren und unser eigenes Wohl hintanstellen, desto größer wird die Gefahr, dass wir uns überlasten und schließlich ausbrennen. Deshalb: Verabreden Sie sich mit sich selbst, planen Sie kleine Wohlfühlinseln im Alltag und nehmen Sie sich Zeit für das, was Sie freut. Und nehmen Sie diese Termine genauso wichtig wie das Meeting oder das Geschäftsessen!

Gewohnheiten aufzugeben und Auszeiten regelmäßig einzuhalten, ist gar nicht so einfach. Zu oft kommt etwas scheinbar Wichtigeres dazwischen. Die nachfolgenden zehn Tipps geben Ihnen Impulse und Anregungen, wie Sie Ihren Alltag Schritt für Schritt zu Ihren Gunsten zu verändern können. Auch eine kleine Veränderung ist schon ein Erfolg und kann Ihnen nachhaltig mehr Lebensfreude schenken.

*Jetzt nehme ich mir die Zeit für Stille,*
*Freude und Entspannung – nur für mich*

# Tipp Nr. 1
# Ich nehme mich ernst

## Gut für sich selbst sorgen

Für mich selbst sorgen – wie geht das denn? Dass wir uns diese Frage stellen müssen zeigt, wie sehr wir uns häufig im Alltag von unseren eigenen Bedürfnissen entfremdet haben. Zunächst einmal bedeutet Selbstsorge natürlich, dass Sie sich um Ihre körperlichen Grundbedürfnisse kümmern sollten – gesunde Ernährung, Bewegung, ausreichend Schlaf und regelmäßige Phasen der Entspannung. Wichtig dabei ist, dies nicht zu perfektionistisch anzugehen, sich nicht zu kasteien oder sich Vorwürfe zu machen, wenn man es mal nicht ins Fitnessstudio geschafft hat. Seien Sie freundlich zu sich selbst! Und: Genauso wichtig wie unser leibliches Wohlbefinden ist die Pflege unserer seelischen Bedürfnisse.

## Den eigenen Wünschen und Bedürfnissen Raum geben

Wenn Sie den Dingen, die Ihnen in Ihrem Leben Kraft und Freude geben, wieder mehr Raum geben wollen, braucht es Zeit – und vielleicht auch eine innere Erlaubnis dazu. Allzu rasch meldet sich das wohlbekannte schlechte Gewissen: »Aber ich kann doch nicht die Bügelwäsche liegen lassen, nur weil ich es schön fände, endlich wieder einmal mit einer Freundin bummeln zu gehen.« – »Aber ich kann doch nicht jetzt schon ins Bett gehen, wo noch die Küche aufgeräumt und der Herd geputzt werden muss.«

»Aber ich kann doch nicht …« Schon sind die Ansprüche an sich selbst und der innere Kritiker wieder auf dem Plan.
Doch. Sie können. Was ist denn wichtiger: Ihr Wohlbefinden oder die Bügelwäsche? Ihre Gesundheit oder die aufgeräumte Küche? Schnell sind wir mit der Befürchtung bei der Hand, es könnte auf Kosten anderer gehen, wenn wir unseren Wünschen und Bedürfnissen nachgehen. Das ist aber eine kurzsichtige Betrachtungsweise. Denn wenn Sie ständig über Ihre Grenzen hinweg arbeiten – wie sollen diese Aufgaben dann gemanagt werden, wenn Sie selbst wegen der Folgen einer chronischen Erschöpfung ins Krankenhaus eingeliefert werden und Wochen dort zubringen? Wie soll der Laden weiterlaufen, wenn Sie komplett außer Gefecht gesetzt sind?

## *Selbstsorge ist kein Egoismus!*

Gut für sich zu sorgen ist aus der Langzeitperspektive heraus betrachtet also tatsächlich die Vorbedingung dafür, auch gut für andere sorgen und den großen und kleinen Aufgaben des Alltags gerecht werden zu können. Die Grundlage dafür ist Wertschätzung für sich selbst. Doch was bedeutet dies? In erster Linie bedeutet es, uns über unsere ganz persönlichen Bedürfnisse im Klaren zu sein und uns darum zu kümmern, sie zu erfüllen, und auch, den Wert dessen, was wir Tag für Tag tun, bewusst anzuerkennen, statt immerfort auf irgendwelche Defizite zu schauen.
Neben unseren physiologischen Bedürfnissen sind auch weniger greifbare Wünsche wichtig für uns, etwa Nähe zu anderen, Zärtlichkeit, Wertschätzung, Kreativität, Neugier und Wissensdurst und so weiter. Für jeden Menschen kann das, was ihn glücklich macht, anders aussehen.
Dazu gehören auch die kleinen Wohlbefindensinseln im Tagesablauf. Während dies für die eine die

heiße Dusche oder ein duftendes Kräuterbad sein kann, ist es für die andere ein spannendes Buch oder inspirierende Musik. Manche blühen auf, wenn sie viel Austausch mit anderen haben, für andere steht die Zeit für sich selbst viel höher im Kurs. Wie wichtig uns etwa Bindung, Unabhängigkeit, Sicherheit, Harmonie, Anerkennung oder Selbstentfaltung sind, ist ganz individuell unterschiedlich ausgeprägt. Wertschätzung für sich selbst beinhaltet, sich selbst mit diesen individuellen eigenen Bedürfnissen zu akzeptieren und zu respektieren.

## Wertschätzung für sich selbst bedeutet:

- die eigenen Bedürfnisse und Wünsche so ernst nehmen wie die von anderen Familienmitgliedern, ebenso ernst wie die Ihrer Kollegen oder Ihres Chefs; Kompromisse auszuhandeln statt sich automatisch zurückzunehmen;
- sich von der Vorstellung zu verabschieden, am Abend »immer alles« perfekt abgearbeitet zu haben, um mit sich zufrieden sein zu können

– sondern sich viel eher dafür zu loben, wenn Sie am Tag schöne Momente für sich selbst geschaffen haben;

- realistisches Planen – sich also nicht zu viele Dinge auf einmal vorzunehmen, sondern Zeitpuffer und Pausen zu berücksichtigen, weil die eigene Erholung ernst genommen wird;
- selbst zu entscheiden, was für Sie Priorität hat;
- wieder zurück zum eigenen Tempo und zu angemessenen Maßstäben kommen;
- sich Zeit für Sie selbst und für eigene Hobbys und eigene Freunde zu nehmen.

Es geht also in erster Linie um einen Perspektivwechsel – wegzukommen von der Ausbeutung der eigenen Kräfte hin zu einer wieder gelingenden Balance zwischen Anspannung und Entspannung. Bewerten Sie die Dinge, die Ihnen Erholung, Spaß und Freude bringen, nicht länger als »Luxus«, sondern als essenziell wichtig für Ihre innere Balance. Sie sind es sich wert, für Ihr Wohlbefinden zu sorgen. Dies sollten Sie sich nicht nur sagen, sondern sich auch immer wieder praktisch und anschaulich zeigen. Menschen, die daran gewohnt sind, sich selbst unbarmherzig anzutreiben, fällt es häufig schwer, gut zu sich selbst zu sein. Sollte das bei Ihnen auch so sein, dann stellen Sie sich im Geiste vor, einem Menschen, an dem Ihnen viel liegt, etwas Gutes zu tun: Sie zeigen sich begeistert über etwas, was er erreicht hat, Sie zeigen Anteilnahme, wenn es ihm nicht gut geht, Sie muntern ihn auf, wenn er traurig ist, Sie machen ihm ein Kompliment, Sie bringen Ihm öfters ein kleines persönliches Geschenk mit und so weiter. Und genau so sollten Sie mit sich selbst umgehen. Zeigen Sie sich selbst Ihre Wertschätzung, indem Sie sich ausdrücklich Gutes gönnen.

Wichtig ist, dass es Dinge sind, die Ihnen selbst ein Lächeln auf das Gesicht zaubern und ein Gefühl des Wohlbehagens vermitteln, und nicht Dinge, die Sie tun, weil jemand anders das gut findet oder zu denen Sie sich verpflichtet fühlen. Wenn eine Belohnung darin besteht, sich dann, wenn Ihr Kind beim Sportunterricht ist, eine Stunde aufs Bett zu legen und in einem Krimi zu schmökern – warum nicht?

# Übung: Meine Belohnungsliste

1.

2.

3.

4.

5.

## Tipp Nr. 2
## Du tust mir einfach gut

# Sich Zeit für gute Freunde gönnen

Echte Freunde sind die Menschen, denen man auch mal absagen kann – an diesem Spruch ist sicherlich was dran. Aber sollten wir das zu häufig tun? Allzu oft gehen Verabredungen mit unseren Freunden im Alltagsstress unter: „Du, ich kann heute doch nicht mit dir essen gehen, ich muss noch diesen wichtigen Bericht fertig schreiben …" – „Wir sollten uns wirklich mal wieder treffen. Aber die nächsten Wochen sieht es bei mir ganz schlecht aus." Natürlich haben unsere Freunde meist Verständnis für solche Absagen. Wir haben vielleicht trotzdem ein schlechtes Gewissen, weil wir das Gefühl haben, zu wenig für die Freundschaft zu tun. Aber genauso wichtig ist, dass wir uns selbst damit schaden. Denn: Menschen, denen wir vertrauen, bei denen wir ganz wir selbst sein können und denen wir unser Herz ausschütten können sind eine echte Energietankstelle für unsere Seele. Gerade in Krisen und Zeiten, in denen es uns schlecht geht, sind Freunde unschätzbar wertvoll.

## Teilen Sie sich mit

Wenn Sie über das sprechen, was Sie bedrückt oder freut, wollen Sie in erster Linie, dass sich jemand wirklich Zeit nimmt und Ihnen zuhört. Geteiltes Leid ist halbes Leid, sagt ein Sprichwort, und diese Volksweisheit ist mittlerweile auch wissenschaftlich bestätigt worden.

*Freunde, die zuhören können,*
*sind unschätzbar wertvoll.*

Wenn Menschen über Emotionen wie Ärger, Wut und Trauer sprechen, hilft es ihnen – unabhängig davon, ob es ein Gespräch mit der besten Freundin, mit einem Therapeuten oder mit dem Barkeeper ist. Wie Matthew Lieberman und sein Team an der University of California mittels einer Studie herausfanden, dämpft offenbar das Aussprechen von Gefühlen nachweisbar die Reaktion in der Amygdala, dem Gefühlszentrum im Gehirn. Das Gehirn dämpft das Empfinden dieser Gefühle. Das wäre eine plausible Erklärung, dass viele Menschen sich besser fühlen, nachdem sie im persönlichen Gespräch ihre negativen Emotionen benannt und über sie geredet haben.

Schon Aristoteles wusste: »Alle Menschen brauchen Freunde.« Entscheidend ist dabei für die Person, die sich mit Sorgen und Problemen herumschlägt, zu wissen, dass jemand da ist und sie nicht völlig auf sich allein gestellt ist. Ob Hilfe dann tatsächlich in Anspruch genommen wird, spielt eine geringere Rolle. Es beruhigt einfach zu wissen, dass man in einer schwierigen Lage nicht völlig allein dasteht.

Menschen können mit schlimmen Ereignissen besser fertig werden, wenn sie in eine gute Partnerbeziehung, eine Familie oder einen Kreis guter Freunde integriert sind und damit die Möglichkeit haben, sich über persönliche Dinge auszutauschen. Das macht sie krisenfester als jene, die keine Vertrauensperson zu Rate ziehen können.

Entscheidend ist dabei jedoch nicht nur, dass wir Personen in unserem Umfeld haben, die bereit sind, uns zu helfen und zu unterstützen, wir müssen auch bereit sein, diese Hilfe in Anspruch zu nehmen.

Manchmal braucht es eine gehörige Portion Mut, sich verletzlich zu zeigen und einem Freund oder einer Freundin vollständig zu vertrauen. Langfristig aber führt diese Bereitschaft zu tieferen Beziehungen, die auch schwere Zeiten bewältigen können. Wir alle wissen: Schönwetter-Freundschaften, in denen keiner den anderen mit seinen Problemen behelligt, sind meistens nicht besonders langlebig

Was sollte jemand können, der uns in einer schwierigen Zeit zur Seite steht?

Er/sie sollte:

- gut zuhören können,
- Person und Verhalten differenziert betrachten können,
- sich in unsere Situation einfühlen können und auch fähig sein, die eigenen Gefühle mitzuteilen,
- Anteilnahme und Verständnis zeigen,
- uns dazu ermutigen, dass wir unsere Gefühle und Gedanken offen aussprechen,
- sich mit Ratschlägen und Patentrezepten zurückhalten,
- nicht zu einer schnellen Lösung des Problems drängen,
- keine wertenden Beurteilungen darüber abgeben, wie gravierend das Geschehene »allgemein« ist, sondern stattdessen unsere subjektiv empfundene Belastung voll akzeptieren.

## Verbündete im Job finden

Die wenigsten Menschen, die ihre Träume verwirklicht haben, haben dies ganz alleine bewerkstelligt. Die allermeisten hatten bei der Umsetzung ihrer Vorhaben Unterstützung durch Menschen in ihrem Umfeld, die sie gefördert und die ihnen den Rücken frei gehalten haben. Unterstützung meint nicht, dass jemand etwas für uns tut, sodass wir selbst »klein« und passiv bleiben können, sondern es geht dabei stets um Hilfe zur Selbsthilfe. Der andere soll nicht unsere Probleme an unserer Stelle lösen, sondern vielmehr mit Fragen, Informationen, Tipps oder Feedback dazu beitragen, dass wir selbst unsere Probleme besser lösen können. Zuhören, Trost, Ermutigung, Aufmunterung – es gibt viele Signale, die uns das wohltuende Gefühl vermitteln können, verstanden zu werden und nicht allein zu sein. Das wichtigste Fundament für einander förderliche Beziehungen bilden Empathie, Ehrlichkeit, Offenheit und Vertrauen.
Zu Ihren Verbündeten im Job können gute Freunde oder Kollegen zählen – oder auch ein Mentor, der Ihnen aufgrund seiner reichhaltigen Erfahrung wertvolle Tipps geben kann.

## Übung: Starke Netzwerke finden

Nehmen Sie sich eine Viertelstunde Zeit und halten Sie Schreibsachen bereit. Überlegen Sie dann und notieren Sie schriftlich:

- Nach welchen Gesprächen fühlen Sie sich gestärkt?
- Wer in Ihrer Umgebung findet Ihr Vorhaben spannend oder interessant?
- Wer davon bringt selbst Erfahrung auf diesem Gebiet mit?
- Wen schätzen Sie wegen seines guten Urteilsvermögens?
- Wer hat Sie in der Vergangenheit schon öfter mal auf gute Ideen gebracht?
- Überlegen Sie auch, was von dem, was Sie selbst an persönlichen Stärken mitbringen, wiederum für den anderen von Nutzen sein kann.
- Halten Sie entsprechende Namen fest und nehmen Sie Kontakt auf.

Die Idee der gegenseitigen Unterstützung kann auch in ein Erfolgsteam münden. Hierbei schließen sich mehrere Menschen, von denen jeder ein bestimmtes Vorhaben realisieren will, zu einer Gruppe zusammen. Gemeinsames Bestreben ist es, einander dabei dienlich zu sein, persönliche und berufliche Ziele umzusetzen.

## Lösen Sie sich von Pseudokontakten

Die meisten Menschen haben nicht nur Kontakte und Beziehungen, die sie stärken und unterstützen, sondern auch etliche „Bekannte“, die oft ganz schön viel Kraft fordern. Nicht alle dieser unbefriedigenden Beziehungen lassen sich einfach beenden, aber dort, wo es möglich ist, sollten Sie ganz bewusst eine Exit-Strategie ins Auge zu fassen. Lassen Sie sich nicht aus bloßer Nettigkeit heraus weiter von Menschen vereinnahmen, mit denen Sie nichts oder nichts mehr verbindet. Ziehen Sie sich zurück. Sie können solche Kontakte einschlafen lassen, indem Sie die Abstände zwischen den Begegnungen mehr und mehr verlängern.
Lösen oder lockern Sie vor allem solche Kontakte, die frustrierend für Sie sind oder wo Sie das Gefühl haben, ausgenutzt zu werden. Beschränken Sie sie auf das Unumgängliche. Gerade wenn Sie viel um die Ohren haben, ist es wichtig, sich auf

die Menschen zu konzentrieren, die Ihnen etwas bedeuten, und jene Kontakte in den Hintergrund treten zu lassen, die Sie nur fordern und Ihnen nichts geben.

## Übung: Menschen, die Ihnen guttun

Überlegen Sie: Wer steht Ihnen nahe und ist belastbar und einfühlsam? Mit wem haben Sie gute Erfahrungen gemacht, wenn die Dinge mal nicht so rund liefen? Wer freut sich vorbehaltlos mit Ihnen, wenn Sie Erfolge feiern möchten? Schreiben Sie die Namen der Menschen auf, deren Gegenwart für Sie angenehm und hilfreich ist.

*Zeit mit Freunden ist Zeit für Geist,*
*Herz und Seele.*

## Tipp Nr. 3
## Ich schaff' das schon!

# Sich Mut und Motivation schenken

Wer kennt das nicht? Wir haben ein Ziel, von dem wir voll und ganz überzeugt sind und machen uns hoch motiviert an die ersten Schritte. Am Anfang klappt alles hervorragend, wir sind stolz auf uns und unsere Disziplin. Doch irgendwann kommt uns etwas dazwischen, wir lassen nach und plötzlich sind Wochen verstrichen, ohne dass wir etwas für unser Ziel getan hätten. Wir haben ein schlechtes Gewissen, machen uns Vorwürfe und lassen von dem Ziel ab, weil wir es „einfach nicht hinkriegen".
Eine der wichtigsten Erfolgseigenschaften auf dem Weg zu einem Ziel ist das Dranbleiben, das Durchhaltevermögen. Letztlich entscheidet es darüber, ob wir unser Vorhaben umsetzen oder ob es auf der Strecke bleibt. Denn auch wenn wir

- ein verlockendes Ziel formuliert haben,
- uns unserer Stärken gewiss sind und sie gezielt einsetzen,
- auf unserem Weg dahin Schritt für Schritt vorankommen,
- in unserem Logbuch unsere Fortschritte dokumentieren,
- schon etliche Widrigkeiten und Stolpersteine bewältigt haben,

- uns immer wieder selbst bekräftigen und
- uns schon jetzt auf den Tag freuen, wo wir unser Ziel umgesetzt haben werden,

so gibt es doch Phasen, in denen wir an allem und jedem zweifeln, nirgendwo einen Sinn sehen und einfach unzufrieden und schlecht drauf sind. Das ist ganz normal. Der Anspruch, immer gut drauf, fröhlich und optimistisch zu sein, ist nicht nur unrealistisch, sondern auch schädlich. Alle unsere Gefühle sind wichtig. Und wenn Sie verdrossen oder verärgert sind, dann hat auch das seinen Platz. Sie müssen auch nicht sofort aktiv werden, um diese trübe Großwetterlage zu verscheuchen. Es gibt einfach diese Tage, an denen wir uns über die Fliege an der Wand ärgern, an denen uns völlig grundlos zum Heulen ist oder wir uns zu nichts aufraffen können. So paradox es klingt: Je mehr Sie sich schlechte Laune, Ärger, Zorn oder Tränen zugestehen, desto eher wird sich die miese Stimmung auch wieder verziehen. Wenn Sie dagegen ankämpfen, weil Ihr ideales Selbst Ihnen das Klischee eines immer netten, immer gut gelaunten Menschen als Maß aller Dinge vorhält, wird die schlechte Laune umso länger bleiben, denn dann

fühlen Sie sich dazu auch noch unfähig, unerwünschte Gefühle abstellen zu können.
Es ist kein Zeichen von Stärke, Gefühle, die wir nicht haben wollen, einfach zu ignorieren. Dies treibt nur den Blutdruck in die Höhe. Stark ist, sie sich zuzugestehen und sich gerade in solchen Phasen liebevoll um sich selbst zu kümmern. Dazu gehört:

- sich zu fragen, was der Auslöser für das Gefühl war,
- sich zu erlauben, dieses Gefühl zu haben,
- nach Wegen zu suchen, diesem Gefühl unschädlich für andere einen Ausdruck zu verleihen,
- sich nach den dahinterliegenden Bedürfnissen zu fragen und Wege zu suchen, sie sich zu erfüllen,
- sich Zeit zu geben, wieder innerlich ins Lot zu kommen,
- sich genügend Ruhe, Schlaf und Erholung zu gönnen,
- sich liebevoll Mut zuzusprechen.

Oft werden wir schlecht gelaunt, bedrückt oder sogar niedergeschlagen, wenn unser Ziel es erfordert, Aufgaben hinter uns zu bringen, die uns nicht liegen oder deren Erledigung uns nervt. Natürlich tun wir lieber Dinge, die Spaß machen oder deren

Zweck uns unmittelbar einen Vorteil bringt. Wir wissen zwar auch, dass die ungeliebte Aufgabe irgendwann erledigt sein wird und dass unser Ziel es wert ist, sie durchzuführen: Trotzdem grummelt es in uns und wir murren unleidlich vor uns hin. Manchmal ist die Ursache für das unterschwellige Unbehagen auch darin zu suchen, dass wir gar nicht genau wissen, was eigentlich von uns erwartet wird. Die Aufgabe erscheint unklar und ebenso der Aufwand, den sie erfordert. Hier helfen einige Fragen weiter, um das, was zu tun ist, besser einschätzen zu können:

- Was konkret benötigen Sie, um diese Aufgabe anzugehen?
- Was genau soll am Ende herauskommen?
- Was genau brauchen Sie alles, um die Aufgabe in diesem Sinne fertigzustellen?
- Was müssen Sie wissen?
- Was müssen Sie können?
- Wie und wo können Sie sich fehlende Informationen beschaffen?
- Wie können Sie sich selbst dabei unterstützen, die Aufgabe zügig vom Tisch zu bekommen?
- Wer sonst kann Sie womit unterstützen?

## Die Strategie der kleinen Schritte

Wir sind gut beraten, uns in Phasen des Widerwillens nicht selbst zu beschimpfen oder hart anzutreiben. Im Gegenteil: Besser ist es, auch das Unangenehme in kleine Etappen aufzuteilen und sich dann nach jedem Absolvieren einer Etappe selbst zu belohnen. Gönnen Sie sich etwas Gutes oder Schönes, wenn Sie eine besonders anspruchsvolle Teilaufgabe erledigt oder ein schwieriges Teilziel erreicht haben. Die Aufgabe selbst wird dadurch zwar nicht schöner, doch Sie haben etwas, worauf Sie sich freuen können. Und natürlich markieren Sie es in Ihrem Logbuch, wenn Sie etwas besonders Unangenehmes erfolgreich in Angriff genommen haben. Dies kann dann wiederum zur Referenzerfahrung für künftige Situationen werden, in denen es darum geht, unangenehme Aufgaben zu bewältigen: »Damals habe ich das geschafft. Also werde ich das jetzt wieder schaffen!« Nehmen Sie sich gezielt Zeit, sich Mut zuzusprechen und sich zu motivieren. Es ist ganz normal, dass Ihre Willenskraft nicht eisern ist und Sie Ermutigung benötigen. Gönnen Sie sich den Zuspruch, den Sie brauchen!

Um einen langen Atem zu entwickeln, ist es hilfreich, stets mit Ihrem Ziel innerlich in Kontakt zu sein. Das fällt umso leichter, je deutlicher das Bild ist, das Sie sich am Anfang Ihres Weges von Ihrem verwirklichten Vorhaben gemacht hatten. Je mehr Sinne in diese Vorstellung einbezogen sind, desto »realer« erscheint es. Rufen Sie Ihr Zielbild häufig auf und tragen Sie auf Ihrer Zielkarte immer Ihren aktuellen Stand ein. Würdigen Sie das, was Sie erreicht haben. Blättern Sie auch regelmäßig in Ihrem Logbuch und vergegenwärtigen Sie sich Ihre Erfolge.

*Gönnen Sie sich heute die Zeit,*
*sich selbst Mut zuzusprechen.*
*Es lohnt sich!*

## Tipp Nr. 4
## Applaus für mich!

# Die eigenen Stärken und Talente erkennen

Wer sich seines eigenen Wertes bewusst ist und eine positive Selbsteinschätzung hat, geht mit mehr Selbstvertrauen und einer besseren Grundstimmung durchs Leben als jemand, der nicht viel von sich hält. Das Selbstwertgefühl prägt die Art und Weise unseres Denkens, unsere Gefühle und unsere Entscheidungen. Ein gutes Selbstwertgefühl wird genährt durch die Erfahrung, auf sich selbst und auf die eigenen Fähigkeiten und Fertigkeiten zählen zu können und durch das Gefühl, etwas im Leben zu bewirken. Ein schwaches Selbstwertgefühl hingegen ist durchsetzt von Selbstzweifeln und führt dazu, dass Menschen sich mit sich selbst nicht wohlfühlen.

*Nehmen Sie sich heute keine Zeit für Sorgen und Zweifel – würdigen Sie stattdessen ganz bewusst Ihre guten Eigenschaften.*

Bei Menschen mit schwachem Selbstwertgefühl klaffen das reale Selbst – »So bin ich« – und das

ideale Selbst – »So wäre ich gern« – weit auseinander. Deshalb stellen sie sich ständig infrage. Je selbst-sicherer jemand ist, desto geringer ist die Diskrepanz zwischen dem empfundenen Ist- und Soll-Zustand.
Die wichtigste Komponente des Selbstwertempfindens ist, sich so zu akzeptieren, wie man ist, ohne dies von hohen persönlichen Maßstäben, herausragenden Leistungen oder von der Meinung anderer abhängig zu machen. Dazu gehört es auch, dass wir es ertragen können, Fehler zu machen, auch mal schwach oder deprimiert zu sein, Scham zu empfinden, uns unsicher zu fühlen – dass wir eben auch unangenehme Gefühle zulassen können, ohne uns selbst abzulehnen oder zu verurteilen. Sich selbst wertzuschätzen ist ein wichtiger Bestandteil psychischer Stabilität.

## Werden Sie sich Ihrer Stärke bewusst

Wenn Sie sich in einer schwierigen Situation befinden, spiegelt sich dies auch in Ihrem Körpergefühl wider. Sie spüren Ihren Körper weniger intensiv, bewegen sich unbeholfener und schwerfälliger als sonst. Der Zusammenhang besteht aber auch umgekehrt: Übungen zur Stabilisierung des Körpers bewirken auch eine Stabilisierung der Psyche. Vor allem in einer Krise sind Übungen sehr wohltuend, die »erden«, die ein Gefühl für das Hier und Jetzt und ein Bewusstsein der eigenen Stärke vermitteln.

## Übung: Baum-Atmung

Stellen Sie sich aufrecht hin, die Füße parallel und hüftbreit auseinander. Fühlen Sie mit Ihren Fußsohlen bewusst den Kontakt zum Boden. Atmen Sie tief ein und aus.

- Stellen Sie sich vor, wie Sie mit jedem Einatmen durch Ihre Fußsohlen Kraft aus dem Boden ziehen und wie mit dem Ausatmen Wurzeln von Ihren Füßen in den Boden hineinwachsen. Lassen Sie die Energie, die Sie aus dem Boden ziehen, in sich hineinströmen.

- Bei jedem Einatmen gewinnen Sie mehr Energie, bei jedem Ausatmen wachsen Ihre imaginären Wurzeln tiefer in den Boden hinein. Lassen Sie die Energie durch Ihren ganzen Körper fließen und sich ausbreiten, bis Sie ganz erfüllt davon sind.

- Breiten Sie nun Ihre Arme aus und lassen Sie mit dieser Kraft in Ihrer Vorstellung aus Ihren Armen Äste und Zweige wachsen und sich ausbreiten. Ihr Astwerk bildet eine dichte Baumkrone und wächst weiter himmelwärts. Auch von dort, durch Ihre Handflächen hindurch, können Sie Energie aufnehmen.

- Spüren Sie die Kraft in sich, die durch Ihre Fußsohlen und Ihre Handflächen in Sie hineinströmt, und genießen Sie dieses Gefühl der Stärke und der Stabilität.

- Wenn Sie sich genügend mit Energie erfüllt haben, lassen Sie Ihre Wurzeln und Äste sich langsam zurückbilden, atmen Sie tief durch und öffnen Sie die Augen.

## Erkennen Sie Ihre Kompetenzen

Neuere psychologische Forschungen zeigen: Krisen und schwierige Situationen lassen sich umso besser bewältigen, je mehr wir unsere innere Stärke geschult haben. Es geht nicht darum, belastende Erlebnisse, Fehler oder Scheitern in Ihrer Vergangenheit aufzuspüren, um die Erinnerung daran »loswerden« zu wollen. Sinnvoller und lebensbejahender ist es, Belastungen, Fehlschläge und Krisen in der Vergangenheit für sich zu nutzen. Infolge der erlebten Defizite, Erziehungsfehler, Versäumnisse, Fehlentscheidungen und so weiter haben Sie Kompetenzen entwickelt, auf die Sie heute bauen können.

Wer wiederholt auch schwierige Situationen überstehen und meistern konnte, hat Lebenserfahrung gewonnen, die die Überzeugung festigt »Ich schaffe das«. Dies ist eine Ressource, die auch dann hilft, wenn durch eine Krise oder eine traumatische Erfahrung vieles infrage gestellt wird. Werden Sie sich bewusst, was Sie schon alles im Laufe Ihres Lebens bewältigt haben. Wie viele Situationen, die Ihnen zunächst Angst gemacht und Sie stark gefordert haben, sind letztlich doch gut ausgegangen, so dass Sie heute im Rückblick feststellen können: »Ja genau, das habe ich damals bewältigt, das habe ich geschafft«? Erinnern Sie sich bewusst daran, wie Sie in der Vergangenheit Probleme gelöst, Entscheidungen getroffen und Krisen bewältigt haben. Analysieren und achten Sie Ihre Kompetenzen. Ihre Vergangenheit ist ein wertvolles Kapital.

## Übung: Kompetenzenliste

Für diese Übung brauchen Sie etwas Zeit, außerdem Stift und Papier.

- Schreiben Sie auf, welche Krisen und Probleme es in Ihrem Leben bisher gab, die Sie gemeistert haben. Auch kleine Erfolge zählen.

- Was hat Ihnen in diesen vergangenen Krisen Kraft und Energie gegeben? Welche Eigenschaften und Fähigkeiten haben Sie in diesen Situationen eingesetzt? Zielstrebigkeit? Überzeugungskunst? Organisationstalent? Kooperationsfähigkeit? Geduld? Erfahrungswissen?

Kreativität? Soziale Beziehungen? Was genau war es, was Sie die Krise hat meistern lassen? Machen Sie eine Liste aller Eigenschaften und Fähigkeiten, die Sie genutzt haben.

- Nehmen Sie sich so lange Zeit, bis Sie wenigstens zehn persönliche Kompetenzen gefunden haben und notieren Sie sich diese. Ergänzen Sie die Liste, wann immer Ihnen eine neue Eigenschaft oder Fähigkeit einfällt.

- Lesen Sie diese Liste jeden Morgen und überlegen Sie jeweils, welche dieser Kompetenzen Sie in der jeweiligen Situation einsetzen können.

Tipp Nr. 5
Gut genug macht glücklich

# Sich vom Perfektionismus befreien

Wer will nicht gern perfekt sein? In den Medien sehen wir häufig Menschen, die Beruf, Familie und Freizeit scheinbar mühelos managen und dabei immer ein Lächeln auf den Lippen haben. Das müssten wir doch auch hinkriegen! Was soll falsch daran sein, all unsere Aufgaben makellos erledigen zu wollen?
Schon sind wir in die Perfektionsfalle getappt. Denn in Wirklichkeit kann niemand alle Ansprüche, die an ihn gestellt werden, zu 100 Prozent erfüllen – und wenn es doch jemandem gelingen sollte, so wäre diese Person mit Sicherheit nicht glücklich und zufrieden, sondern abgehetzt und abgekämpft.
Das Streben nach Perfektion wird zum Handicap, wenn jede unserer Alltagsaufgaben davon beeinflusst wird. Zum Beispiel, wenn wir es einfach nicht zuwege bringen, Aufgaben abzuschließen, weil wir endlos an Details herumfeilen. Wer täglich viele Aufgaben zu jonglieren hat, muss nicht nur konsequent Prioritäten setzen, sondern auch Mut zur Lücke haben. Sie können nicht in allem, was Sie tun, Vollkommenheit erreichen. Wenn Sie es dennoch unter Einsatz aller Kräfte erzwingen wollen, bauen Sie damit einen Druck auf, dem Sie

irgendwann nicht mehr standhalten können. Das leuchtet ein. Was macht es dann trotzdem so verlockend, rundum perfekt sein zu wollen?
Wer sich Höchstleistungen abverlangt und sich bis zum Umfallen verausgabt, hat natürlich auch einen Nutzen davon: Selbstbestätigung und ein gutes Gewissen. Es ist nun mal ein prima Gefühl, wenn man etwas absolut fehlerfrei hingekriegt hat und entsprechend gut dasteht – oder wenn man sich wenigstens nichts vorwerfen muss. Das sorgt für ein gutes Gewissen – auch im Fall eines Scheiterns.

## Der falsche Glanz der Perfektion

Es ist ein befriedigendes Gefühl, so tüchtig und gründlich zu sein, so effizient zu funktionieren. Und wie schön, wenn andere das auch so wahrnehmen! Lob, Anerkennung und Zuwendung entschädigen dafür, ständig so viel Aufwand zu betreiben, um optimale Ergebnisse zu produzieren.
Und wenn Lob und Erfolg ausbleiben? Dann arbeiten wir in ständigem Übereinsatz weiter daran, uns und den anderen zu beweisen, dass wir alle Erwartungen erfüllen können. Tag für Tag, Woche

für Woche, Jahr für Jahr. Und hoffen, dass es irgendwann bemerkt und honoriert wird. Dies beschränkt sich durchaus nicht nur auf Job und Haushalt. Auch in privaten Beziehungen geben wir uns viel Mühe, zu gefallen, Erwartungen nicht zu enttäuschen und stets für die Bedürfnisse anderer da zu sein: des Partners, der Kinder, anderer Familienmitglieder, Freunde, Nachbarn, Bekannten.

Tja, wären da nur nicht die Schattenseiten, die dieser unentwegte Übereinsatz mit sich bringt. Denn wenn wir uns auf die Fahnen geschrieben haben, alles perfekt zu managen, stehen wir ständig unter Hochspannung. Immer gibt es noch etwas, das zu erledigen, verbessern, organisieren und optimieren ist. Und so richtig zufrieden können wir nur sein, wenn wir tatsächlich allen Ansprüchen gerecht geworden sind – was wegen der hohen inneren Messlatte selten der Fall und wegen der Aufgabenfülle ohnehin kaum oder gar nicht möglich ist.

*Schluss mit der Perfektion –*
*gut genug ist gut genug!*

## Machen Sie gezielt Abstriche

Sie tun sich also keinen Gefallen damit, täglich von Neuem das Unmögliche beweisen zu wollen. Streben Sie lieber an, Ihren Einsatz künftig zu dosieren.

Welche der Aufgaben, mit denen Sie täglich zu tun haben, erfordern tatsächlich Ihren hundertprozentigen Einsatz? Bei welchen Aufgaben genügt auch schon ein geringerer Aufwand? Wenn Sie sich jetzt eine Skala von 0 Prozent Perfektion bis hin zu 100 Prozent Perfektion vorstellen, wo, denken Sie, sind die einzelnen Aufgaben anzusiedeln? Notieren Sie hinter Ihrer aktuellen Aufgabenliste doch gleich einmal Ihre Einschätzung dazu.

Wenn Sie bei den meisten Ihrer Aufgaben 80 Prozent oder darunter eingetragen haben: Glückwunsch! In vielen Fällen bringt es auch bei wichtigeren Vorhaben mehr, eine 80-Prozent-Lösung anzustreben, als das absolute Optimum erreichen zu wollen. Wer auf absolute Makellosigkeit abonniert ist, macht sich viel mehr Druck als jemand, der eine gute oder genügende Lösung anstrebt.

Da wir unseren Wert als Person sehr stark über unser Tun und die Bewertung unseres Tuns durch andere definieren, wollen wir uns gegen Kritik von außen schon im Vorfeld wappnen und uns unangreifbar machen. Dahinter steckt die Überzeugung, nur dann von anderen geachtet und geliebt zu werden, wenn wir makellose und unfehlbare Leistungen präsentieren. Um diese eingefleischte Angst vor Fehlern und Kritik abzubauen, ist es hilfreich, genauer hinzuschauen und zu verstehen, was uns da eigentlich innerlich antreibt. Anschließend können wir dann versuchen, neu zu bewerten und uns neu zu entscheiden.

## Übung: Hinterfragen Sie Ihre Maßstäbe

Nehmen Sie sich etwas Zeit und lassen Sie den zurückliegenden Tag noch einmal Revue passieren. Denken Sie an das, was Sie alles getan haben und auch an das, was vielleicht liegen geblieben ist und verschoben werden musste.
Womit sind Sie zufrieden und womit eher unzufrieden? Fragen Sie sich dann weiter:

- Woran mache ich fest, wie gut oder wie schlecht etwas gelaufen ist?

- Welchen Idealbildern folge ich mit meinen Bewertungen?

- Woher kommt diese Sicht der Dinge? Wer hat mir vermittelt, so zu werten? Von wem habe ich das übernommen?

- Wem meine ich etwas beweisen zu müssen? Warum? Sind diese Maßstäbe überhaupt noch aktuell? Oder eifere ich damit Ansprüchen anderer an mich aus längst vergangenen Zeiten nach?

- Was genau befürchte ich, wenn ich mich selbst weniger unter Druck setze? Wie realistisch sind diese befürchteten Konsequenzen?

- Was könnten erste kleine Schritte dazu sein, mich weniger anzutreiben – ohne dass damit meine Befürchtungen ins Uferlose wachsen?

- In welchen Bereichen könnte ich künftig mal probehalber lockerlassen und mich mit einer guten oder ausreichenden Leistung zufriedengeben?

*Achtsam mit sich selbst umgehen heißt auch, Prioritäten zu setzen und sich nicht an unrealistischen Maßstäben zu messen.*

Tipp Nr. 6
Meine kleine Wohlfühlinsel

# Einen Entspannungstag einlegen

Ist Ihr Alltag auch so turbulent? Geprägt von unterschiedlichsten Anforderungen, denen es gilt, gerecht zu werden? Scheint immer zu wenig Zeit vorhanden zu sein? Umso wichtiger ist es, sich gut entspannen zu können, damit die Anspannung sich immer wieder lösen kann. Gönnen Sie sich doch einmal für einen Tag den Luxus, alles für sich und Ihre Entspannung zu tun!
Es gibt viele Wege, die zu Entspannung und Erholung führen, am erfolgversprechendsten sind jedoch oft diejenigen, die Sie leicht in Ihren Alltag integrieren können. Mit den hier beschriebenen Übungen werden Sie in wenigen Minuten gelassener und können die vor Ihnen liegenden Aufgaben wieder frisch gestärkt angehen.

*Entspannung wird wirksam im Tun.*

Entspannung wird in der regelmäßigen praktischen Anwendung wirksam. Gut ist, wenn Sie mehrere Methoden kennen, wie sie körperlich, mental und psychisch zur Ruhe kommen, und diese einzuset-

zen verstehen. Dann können Sie je nach Situation entscheiden, welche davon im Augenblick am besten passt.
Probieren Sie die einzelnen Entspannungsmethoden aus und integrieren Sie diejenigen Übungen in Ihren Alltag, bei denen Sie den deutlichsten Effekt verspüren.

## Entspannung mit dem Atem

Vom ersten bis zum letzten Atemzug: Der Atem ist eine unserer wichtigsten Lebensfunktionen. Pro Tag nehmen wir etwa zwanzigtausend Atemzüge und dies geschieht meistens völlig unbewusst. Ebenso wie viele andere lebenswichtige Körperfunktionen – etwa Stoffwechsel, Blutdruck oder Verdauung – wird auch der Atem vom vegetativen Nervensystem gesteuert. Auch im Schlaf oder wenn wir ohne Bewusstsein sind, sorgt es dafür, dass unser Körper in einem guten Zustand bleibt.

## Übung: Atmen und loslassen

Lenken Sie Ihre Aufmerksamkeit auf den Atem und lassen Sie ihn ein- und wieder ausströmen.

Konzentrieren Sie sich nun allein auf das Ausatmen und lassen Sie den Impuls zum Einatmen einfach von selbst kommen.
Spüren Sie in Ihren Körper hinein und nehmen Sie wahr, ob es Verspannungen gibt und wo genau Sie sie wahrnehmen – vielleicht im Rücken, vielleicht in den Beinen oder im Nacken. Stellen Sie sich dann vor, dass Sie mit dem Ausatmen ein wenig von dieser Anspannung loslassen, mit jedem Ausatmen ein Stück mehr. Fühlen Sie, wie der Strom des ausströmenden Atems Ihre Muskeln und auch Ihre Seele von allem befreit, was Sie bedrückt und belastet hat. Vielleicht entfährt Ihnen ein Seufzen – lassen Sie es zu.

## Achtsamkeit: Innehalten und wahrnehmen

Tagtäglich sind wir mit einer Flut von Informationen konfrontiert. Schon morgens dringen aus dem Radio die Nachrichten ins Ohr, wir überfliegen beim Frühstück die Zeitung, bei der Arbeit gibt es tausend Dinge, die möglichst alle sofort erledigt werden sollen, dazwischen einlaufende E-Mails,

Telefonate, Unterbrechungen aller Art. Danach Einkäufe, Erledigungen, weitere tausend kleine Dinge.
Oft streben wir dann an, mehreres gleichzeitig zu erledigen, wollen möglichst effektiv und zeitsparend arbeiten, um schneller mit allem fertig zu sein. Unser Leben scheint bald nur noch aus einer endlos scheinenden „To-do-Liste" zu bestehen, die nie wirklich abgearbeitet ist, weil immer wieder neue Aufgaben nachwachsen. Ganz schön frustrierend, oder?

*Achtsamkeit holt uns zurück in den Moment des Erlebens.*

Wenn wir achtsam sind, versinken wir nicht in einer Tätigkeit oder verlieren uns darin, sondern wir sind uns bewusst, dass wir gerade etwas Bestimmtes tun, sind sozusagen Beobachter des Geschehens. Unsere Wahrnehmung wird nicht eingeschränkt durch Gedanken an Künftiges oder Grübeleien über Gewesenes.

Bei der Übung zum bewussten Atmen haben wir Achtsamkeit schon „live“ erlebt, denn indem wir uns auf den Atem konzentrieren, sind wir ganz dabei und alles andere ist ausgeblendet.
Achtsamkeit beruhigt uns innerlich und zentriert uns gleichzeitig, denn sie hat kein Ziel. Es gibt nichts zu verbessern oder zu verändern. Wir nehmen einfach wahr, was ist, und können damit einen vertieften Kontakt zu uns selbst finden und zu dem, was uns umgibt. Achtsamkeit macht uns die Tatsache bewusst, dass unser Leben letztlich aus einer stetigen Folge von Augenblicken besteht. Der Alltag bietet uns eine Fülle von Möglichkeiten, die Achtsamkeit zu schulen und damit zu mehr innerer Ruhe und Entspannung zu kommen. Nachfolgend finden Sie zwei Übungen, die Sie mühelos in den Alltag integrieren können.

# Übung: Gewahrsein

Halten Sie heute öfters inne und stellen Sie sich die nachfolgenden Fragen:

- Was geschieht gerade?
- Was höre ich?

- Was sehe ich?
- Was spüre ich?
- Was fällt mir jetzt besonders auf?

Und dann lassen Sie das so stehen. Ganz ohne Druck, etwas verändern oder etwas erreichen zu müssen. Sehen Sie es an wie eine Momentaufnahme mit der Kamera. Wenn Sie einen Impuls zur Veränderung verspüren – na klar, verändern Sie. Wenn Sie keinen verspüren: ebenso gut. Es geht nicht darum, etwas machen zu „müssen" – aber auch nicht darum, nun nichts machen zu „dürfen", sondern darum, wahrzunehmen, was gerade ist.

## Entspannung mit allen Sinnen

Farben, Musik, Düfte, Berührung und nicht zuletzt eine wohlschmeckende Mahlzeit – sie bringen Lebendigkeit in unseren Alltag und können uns gleichzeitig dabei helfen, kleine Wohlfühlinseln in stressreichen Zeiten zu schaffen. Allein mittels unserer Sinne können wir die Welt wahrnehmen und treten in Kontakt zu ihr.

*Genießen Sie Ihren Entspannungstag mit allen Sinnen!*

Konzentrieren Sie sich ein paar Momente lang voll und ganz auf das, was Ihre Sinne Ihnen präsentieren:

- Riechen Sie bewusst: den Duft von Rosen oder von Kräutern ... von frisch geschnittenem Gras ... von der Luft, wenn es gerade geregnet hat ... von Erde und Laub ...
- Schmecken Sie bewusst: saftiges Obst ... eine gut gewürzte Pizza ... Saures ... Scharfes ... Süßes ... Bitteres ... Cremiges ... Knuspriges ...
- Fühlen Sie bewusst: den Wind auf Ihrer Haut ... das Wasser, das in der Dusche über Ihren Körper prasselt ... einen Händedruck ...
- Sehen Sie bewusst: in den Himmel ... auf das Grün der Bäume ... auf eine leere Wand ... auf das Pflaster zu Ihren Füßen ...

- Hören Sie bewusst: das Zwitschern von Vögeln … Musik, die Sie gerne mögen … die Stimme eines anderen Menschen … das Miauen einer Katze …

Und wenn es nur Momente sind, in denen wir uns völlig einem Sinneseindruck widmen und alles andere in den Hintergrund treten lassen: Dies sind Momente des Loslassens und der Achtsamkeit, die unseren Alltag verschönern.

Tipp Nr. 7
Alltagsglück

# Die Lebensfreude wiederentdecken

Wann haben Sie sich zuletzt so richtig Ihres Lebens gefreut? Nicht aus irgendeinem besonderen Anlass oder einer guten Nachricht – einfach nur weil Sie sich lebendig fühlten, weil Sie etwas taten, was Ihnen Freude machte oder weil Sie einen Tag mit allen Sinnen genossen haben? Solche Momente der reinen Lebensfreude gönnen wir uns leider viel zu selten. Doch für unser Wohlbefinden ist es wichtig, im Alltag immer einmal wieder davon abzusehen, welche Sorgen uns gerade plagen: finanzielle Sorgen vielleicht, Sorgen um die eigene Gesundheit, die des Partners oder der Kinder oder auch Sorgen, weil die Vielfalt der Aufgaben uns zu überwältigen droht. Auch wenn sich diese Gedanken immer wieder in unser Bewusstsein drängen wollen, tun wir gut daran, sie ab und zu beiseite zu lassen und uns stattdessen zu fragen, wofür es sich eigentlich lohnt, uns Tag für Tag aufs Neue einzusetzen. Gerade dann, wenn sehr viel zu tun ist, verlieren wir über der momentanen Hektik oft den Blick auf das, was uns das Leben lebenswert erscheinen lässt.

Was ist das Schöne an Ihrem Leben? Was sind Momente, die Sie besonders genießen?

*Heute nehme ich mir Zeit*
*für die Dinge, die mich freuen!*

Wenn wir uns in unserem Bemühen, den tausend Anforderungen des Alltagslebens gerecht zu werden, ständig verausgaben und nicht mit unseren Kräften haushalten, sind wir irgendwann nicht mehr in der Lage, das, wofür wir uns einsetzen, überhaupt noch genießen zu können. Irgendwann kann es passieren, dass wir nur noch das im Auge haben, was wir aufwenden müssen, und nicht mehr wahrnehmen, was das Schöne und Sinnvolle an unserem Engagement ist.

## Sich wieder freuen können

Der wesentliche Teil unserer Energie ist emotionaler Natur: Liebe, Freude, Leidenschaft, Hoffnung, Hingabe, aber auch Zorn, Ärger oder Angst. Erholung meint nicht nur Loslassen und Entspannen, sondern auch Besinnung auf uns selbst und eine intensivere Wahrnehmung unserer Umgebung.

Wer Stress hat, fühlt sich innerlich getrieben und hat keinen Blick mehr für die kleinen Schönheiten des Alltags – der Sonnenstrahl, der gerade durchs Fenster auf ein Glas fällt und einen kleinen Regenbogen zaubert, oder die Fliege, die lustige kleine Loopings um die Hängelampe über dem Esstisch dreht.

Alles, was nicht der Erledigung von Aufgaben dient, wird ausgeblendet. Dadurch verarmt unser Erleben. Wir verschieben es auf später. Ein Später, das vielleicht immer ein Später bleiben wird. Um wieder offen zu werden für die täglichen kleinen Lichtblicke, die Freude machen, müssen wir innerlich zur Ruhe kommen und unsere Sinne wieder neu schärfen.

Entdecken Sie deshalb Dinge für sich, die Ihnen Kraft spenden und Freude machen, gönnen Sie sich kleine Auszeiten, die Ihnen helfen, jenseits des Alltagsstresses wieder in Ihr inneres Gleichgewicht zu kommen.

Sie tun sich keinen Gefallen damit, wenn Sie nur für Ihre Pflichten leben – den Menschen in Ihrem Umfeld auch nicht.

## Zeit für Lebensfreude

Gönnen Sie sich also genügend Zeit für sich selbst! Nehmen Sie sich einen freien Tag, an dem Sie nur für sich selbst da sind, vielleicht Ihre Gedanken aufschreiben, eine schöne Musik hören, ein Nickerchen machen, ein Bad nehmen, in einer Illustrierten blättern oder einen Spaziergang machen. Was immer es ist, was Sie gerade als lockend und lohnend für sich selbst empfinden: Gönnen Sie es sich, nehmen Sie sich diese Zeit für sich selbst. Kleine Auszeiten helfen dabei, sich darauf zu besinnen, wer Sie sind. Widmen Sie sich dem, was Sie jenseits aller Pflichten als bereichernd für sich selbst empfinden, und erweitern Sie Ihre Welt auch immer wieder durch neue Erfahrungen. Ob das ein Yogakurs ist, ein Trommelworkshop oder die Verabredung mit einer Freundin in einem Dunkelrestaurant – wichtig ist, sich auf neue Erfahrungen einzulassen, die Ihnen innerlich etwas geben.

Wenn Sie etwas mehr Zeit zur Verfügung haben, dann unternehmen Sie einen Spaziergang in einem Park oder im Wald, genießen Sie die Gerüche nach Erde und Blüten und nehmen Sie bewusst das Wachsen und Sich-Entfalten um Sie herum wahr. Oder legen Sie sich einfach ausgestreckt auf das Bett. Machen Sie die Augen zu und stellen Sie sich vor, wie mit jedem Ausatmen Spannung Ihren Körper verlässt. Rekeln Sie sich, gähnen Sie, lassen Sie alle Bewegungen zu, die Ihr Körper gerade machen will.

Wenn Sie es sich erlauben, sich selbst immer wieder kleine Auszeiten zu gönnen, in denen Sie Ihre eigenen Bedürfnisse in den Vordergrund stellen, schwindet die Hypothek des Immer-zu-kurz-Kommens und das Gefühl, nur funktionieren zu müssen und nichts für sich selbst zu haben, löst sich auf. Sie werden gelassener im Umgang mit Ihrer Familie und Ihren Kolleginnen und Kollegen. Die bewusst in den Alltag eingebauten Auszeiten erleichtern es auch, sich der inneren Rhythmen mit ihren natürlichen Phasen von Anspannung und Entspannung, von Arbeit und Erholung wieder bewusst zu werden und damit der chronischen Erschöpfung vorzubeugen.

# Auch Mini-Pausen stärken die Lebensfreude

Achten Sie auf Mini-Pausen zwischen der Erledigung der einen und dem Anpacken der nächsten Aufgabe. Hier kann schon ganz wenig viel bewirken. Legen Sie nach dem Abschließen einer Aufgabe gezielt eine kurze Pause ein, öffnen Sie das Fenster, nehmen Sie ein paar tiefe Atemzüge und freuen Sie sich über das, was Sie gerade erledigt haben. Beginnen Sie erst dann mit etwas Neuem. Schon diese paar Minuten des tiefen Durchatmens und ein ausgiebiges Rekeln und Gähnen schaffen Abstand, Geist und Körper können für Momente entspannen.

Sparen Sie nicht an solchen kleinen Freiräumen für sich selbst. Machen Sie Abstriche lieber woanders, beispielsweise beim Fensterputzen, bei der Erledigung der Ablage oder dem Checken von E-Mails. Da darf es dann auch mal ein »okay« anstelle von »perfekt« sein. Sie managen langfristig Ihren Alltag viel effektiver, wenn Sie weniger überarbeitet und genervt sind, als wenn es rundum tip-top glänzt, alles abgearbeitet ist und Sie selbst zu müde sind, um überhaupt noch irgendetwas empfinden zu können.

## Entdecken Sie Ihre Lebensenergie neu

Die kleinen Zeitinseln schärfen unser Bewusstsein dafür, ein lebendiges Wesen inmitten anderer lebendiger Wesen zu sein. Woran machen wir es eigentlich fest, wirklich zu leben – uns lebendig zu fühlen, statt einfach nur zu existieren? Was bewirkt, dass wir uns wohl in unserer Haut fühlen? Was ruft das Gefühl von Lebendigkeit und Lebensfreude wach?

Da können äußere Einflüsse mitspielen, etwa eine gute Nachricht, ein Wunsch, der erfüllt wird, eine interessante Begegnung. Das Gefühl von Lebensfreude kann jedoch auch scheinbar ganz »von selbst« entstehen, ohne dass sich etwas Besonderes ereignet haben muss. Eine wichtige Rolle bei diesem »von selbst« spielen wache Sinne. Wenn wir hektisch von einer Aufgabe zur anderen, von einem Termin zum nächsten hetzen, bekommen wir kaum etwas von den Qualitäten unserer

Umgebung mit. Alles rauscht an uns vorbei. Wenn wir hingegen innehalten, uns Zeitinseln schaffen und einfach wahrnehmen, was da ist und wie wir in Beziehung dazu stehen, dann spüren wir die Wärme oder Kälte auf unserer Haut oder auch den Wind, der durch das Haar fährt. Wir spüren das Pflaster unter unseren Füßen, hören das Gurren einer Taube, sehen, wie die Sonne die Blätter aufleuchten lässt.

Lebendigkeit heißt, dass wir bei uns sind und auf unsere Empfindungen und Gefühle achten. Die Freude. Die Liebe. Die Verbundenheit mit unseren Lieben. Glückliche Momente. Doch auch die Angst, den Ärger, die Wehmut, die Sehnsucht, die Anspannung, den Groll, die Traurigkeit. Das alles gehört zu uns und darf auch gefühlt werden. Wenn wir uns von unseren Gefühlen abschneiden, sie verdrängen oder sie uns verbieten, wird unser Leben flach und nur noch von Plänen und Pflichterfüllung dominiert.

*Heute spüre ich meine Lebendigkeit,*
*meine Energie und meine Freude.*

Tipp Nr. 8
Heute bin ich stark für mich

# Nein sagen und Grenzen setzen

Wir wissen natürlich: Wenn wir allzeit bereit sind, uns immer wieder Neues aufbürden zu lassen und wenn wir uns für alles verantwortlich fühlen, wächst uns die Arbeit irgendwann ganz zwangsläufig über den Kopf. Dennoch tun wir uns oft schwer damit, eine stimmige Balance zwischen Zuwendung und Eigennutz zu finden. Besonders Frauen siedeln das Bedürfnis nach Anerkennung und Sympathie allzu oft höher an als die Durchsetzung eigener Ansprüche. Doch wer stets bereit ist, für andere in die Bresche zu springen, wird oft auch ausgenutzt. Wenn wir hingegen zu uns selbst stehen und unsere Wünsche und Bedürfnisse ebenso ernst nehmen wie die der anderen, können wir entspannter mit anderen – unseren Kollegen, unserem Partner, den Kindern – umgehen. Wir haben dann nicht ständig den Eindruck, »draufzuzahlen«, sondern fühlen uns auf Augenhöhe mit unserem Gegenüber.

# Schach dem vorauseilenden Gehorsam

Häufig registrieren wir gar nicht bewusst, wann wir vorauseilend gehorsam sind, obwohl uns ein Ansinnen eigentlich nicht in den Kram passt. Wir sagen ja und merken erst dann, dass es besser gewesen wäre, abzulehnen. Aber da steht das Ja schon im Raum und nun können wir schlecht ohne Gesichtsverlust zurückrudern. Also fügen wir uns, vielleicht seufzend und widerwillig, aber eben doch gehorsam. Den aufkommenden Ärger versuchen wir, wegzurationalisieren: »Es lohnt doch nicht, wegen dieser Sache einen Streit zu provozieren.« – »Wenn ich das selber mache, geht es sowieso schneller.« – »So wichtig ist mir das im Grunde nicht.« – »Es macht mir nichts aus«, und so weiter.

Doch letztlich zahlen wir drauf: Mit unserer Zeit und unserer Energie. Das Nicht-nein-sagen-Können und das »Verschlucken« eigener Wünsche und Vorstellungen fordern uns einen hohen Preis ab: unterschwellige Unzufriedenheit, unterdrückten Zorn, Erschöpfung. Also tun wir gut daran, die Balance zwischen Zuwendung und Eigennutz stimmig auszutarieren. Dazu gehört es, bewusst mit Grenzen umzugehen, das heißt, wahrzunehmen,

- wann und wodurch wir an unseren Grenzen angekommen sind,
- wann es tatsächlich sinnvoll oder notwendig ist, diese (bewusst!) auch einmal zu überschreiten,
- und wann wir dies im Sinne einer guten Selbstsorge lieber nicht tun wollen.

Sich dies in verschiedenen Situationen zu fragen, unterbricht den »Ja«-Automatismus. Mag sein, dass wir uns trotzdem weiterhin schwer damit tun, Ansinnen anderer abzulehnen – doch als Erfolg sollten wir für uns schon mal verbuchen, dass unser eigenes Wohlbefinden in unserer persönlichen Wahrnehmung mehr und mehr zu einer festen Größe wird, die wir einbeziehen.

## Die eigenen Grenzen kennen und respektieren – und mitteilen

Um gut für uns selbst zu sorgen, ist es wichtig, spürsamer dafür zu werden, wer wir sind, was wir leisten, was wir wollen und auch dafür, was wir nicht wollen. Wenn wir uns selbst wertschätzen, tun wir uns auch leichter damit, Ansinnen anderer abzulehnen, ohne dass sich das schlechte Gewissen meldet. Die Fähigkeit, Grenzen zu setzen, zeigt sich in diesen beiden Aspekten:

- die eigenen Grenzen kennen und respektieren,
- anderen Grenzen setzen können.

Beide Aspekte stehen unmittelbar miteinander im Zusammenhang: Wenn wir anderen Grenzen setzen wollen, müssen wir zu unseren eigenen Grenzen stehen und dabei die Bilder beiseitelassen, wie wir sein »sollten«.

Wenn Sie zu Ihren Gefühlen stehen, zeigen Sie nicht nur sich selbst Wertschätzung, sondern Sie kommen auch authentischer bei anderen an. Das

bedeutet nicht, schlechte Laune an Ihren Kollegen, Ihrem Partner oder Ihren Kindern auszulassen. Übertriebenes Harmoniebedürfnis ist der eine und unbeherrschtes Ausagieren der andere Extrempunkt im Verhalten. Beides führt nicht zu guten Lösungen im Zusammenleben mit anderen. Vielmehr geht es darum, die eigene Stimmungslage nicht krampfhaft zu verbergen, sondern klar dazu zu stehen, wie Sie sich gerade fühlen. »Ich bin jetzt sehr müde«, »Ich brauche jetzt erst einmal etwas Abstand«, »Ich habe mich geärgert und bin immer noch aufgewühlt« und so weiter.
Wenn wir »schlecht drauf« sind, beispielsweise Angst haben, uns zornig, gestresst oder deprimiert fühlen, sollten wir uns dies zugestehen. Immer sonnig gelaunt sein zu wollen, ist ein überhöhter Anspruch an uns selbst und zieht unweigerlich Schuldgefühle nach sich, wenn es uns nicht gelingt, diesem Bild zu entsprechen.

Gestehen wir uns zu, dass unsere Gemütslage so ist, wie sie eben gerade ist, kann es gut sein, dass sie sich rasch wieder verändert. Gefühle wollen »gesehen« werden. Versuchen wir, sie zu ignorieren und uns einzureden: »Es ist nichts«, entwickeln sie eine gewisse Beharrlichkeit und tauchen immer wieder auf.

Wenn wir es uns zugestehen, unsere Wünsche und Vorstellungen, unsere Befürchtungen, aber auch Ärger und Enttäuschung angemessen zu äußern, fühlen wir uns anschließend erleichtert. Wir sagen Ja zu uns selbst und dem, was wir empfinden. Unsere Gefühle sind Teil unserer inneren Welt, es darf alles sein.

## Das Ja-Sagen einschränken

Statt immer zu allem »Ja« zu sagen, können Sie, je nach Situation, hinterfragen, weshalb das Anliegen an Sie herangetragen wurde (»Wieso fragst du mich?«), oder offen um Bedenkzeit bitten (»Ich überleg's mir«, »Ich denke drüber nach«, »Heute ist viel zu tun. Ich schau mal, ob es geht« und so weiter). Manches erledigt sich dann wie von selbst, in anderen Fällen gilt es, eine Entscheidung zu treffen. Kleine Verzögerungsmomente helfen, vom Impuls in den Denkmodus zu kommen. Und wenn Ihnen trotzdem ein unbedachtes Ja entschlüpft ist? Oft lässt sich das noch »nacharbeiten«, indem Sie an den anderen herantreten und etwas sagen wie: »Tut mir leid, dass ich einfach Ja gesagt habe und jetzt einen Rückzieher mache. Ich hatte nicht bedacht, dass …« Sicher, das ist etwas unangenehm, doch viel unangenehmer ist es, nichts zu sagen und sich klaglos zu fügen.

## Der Mut zum Nein

Offensichtlich sind wir schon in unseren Genen als soziale Wesen programmiert. Wenn wir uns für andere einsetzen und etwas für sie tun, stimuliert unser Gehirn die gleichen Belohnungszentren, die auch dann aktiviert werden, wenn wir etwas geschenkt bekommen. Dies sorgt dafür, dass wir rücksichtsvoll und emotional intelligent miteinander umgehen. Doch zu viel des Guten fügt uns Schaden zu. Ständig am Rand der Selbstaufgabe entlang zu balancieren, um anderen Gutes zu tun, beglückt nicht, sondern lässt uns missmutig und verdrossen werden. Niemand kommt gerne ständig zu kurz.

Nein sagen zu anderen, indem wir Ansprüche und Erwartungen anderer zurückweisen, bedeutet oft ein Ja zu uns selbst. Es bedeutet, unseren Wünschen und Bedürfnissen und dem, was wir selbst für wichtig halten, in diesem Moment Priorität einzuräumen, beispielsweise ungestört eine Aufgabe zu Ende zu führen, eine Pause einzulegen, sich einen Feierabend ohne Hausarbeit zu gönnen, Zeit mit Freunden zu verbringen … was auch immer gerade wichtig für uns ist.

*Sagen Sie nein –*
*und ja zu sich selbst.*

Tipp Nr. 9
Traumzeit für mich

# Lebensträume zu Lebenszielen machen

Habe ich mir mein Leben so vorgestellt, wie es jetzt ist? Was habe ich mir früher erträumt? Sind es Dinge, die mich vielleicht auch jetzt noch glücklich machen würden, aber im Zuge der Alltagsbewältigung verloren gegangen sind?

Den eigenen Lebensträumen auf die Spur zu kommen, sich in der Fantasie in mögliche Zukunftsszenarien hineinzuversetzen und das persönliche Wertefundament zu reflektieren lässt uns deutlicher erkennen, wo wir uns »falsch« fühlen und was künftig vielleicht anders zu handhaben ist. Es gehört zum achtsamen Umgang mit sich selbst, sich immer wieder einmal zu fragen, was aus den eigenen Wünschen und Träumen geworden ist. Denn nur, wenn wir uns immer wieder bewusst machen, was wir vom Leben wollen, können unsere Träume Realität werden.

Die beiden nachfolgenden Übungen unterstützen Sie dabei, noch besser zu erkennen, worum genau es Ihnen geht. Sie brauchen dazu etwa eine halbe Stunde Zeit, einen Stift und drei Blatt Papier.

# Übung: Überdruss artikulieren

Nehmen Sie den Stift und das erste Blatt Papier zur Hand und notieren Sie unter der Überschrift »Das will ich nicht mehr« alles, was Ihnen durch den Kopf geht, auf Ihre aktuelle Situation bezogen – wiederum ohne gleich die Schere im Kopf in Gang zu setzen, ob Sie das überhaupt »nicht mehr wollen dürfen«. Schreiben Sie einfach, wie Sie es empfinden, und schreiben Sie so lange, bis Ihnen nichts mehr einfällt. Die wichtigsten Dinge unterstreichen Sie.

Das zweite Blatt erhält die Überschrift »Das will ich längerfristig gesehen nicht mehr« und hier finden all die Dinge Platz, die für eine Veränderung längere Zeit in Anspruch nehmen. Wenn sich darin auch Dinge aus der ersten Liste wiederfinden: kein Problem. Unterstreichen Sie auch auf dieser Liste die Dinge, die Ihnen besonders wichtig erscheinen. Lesen Sie dann beide Listen noch einmal durch und ergänzen Sie sie gegebenenfalls um weitere Einträge.
Nach einer kurzen Pause machen Sie gleich weiter:

# Übung: Das Bedürfnis ins Positive wenden

Wenn Sie nun genau benennen können, was Sie nicht mehr wollen – sei es kurzfristig, sei es langfristig betrachtet –, dann stellt sich natürlich unweigerlich die Frage: Was will ich stattdessen? Dabei befinden wir uns immer noch auf der Ebene des Wünschens und stellen uns (noch) nicht die Frage, wie sich Wünsche verwirklichen lassen.

Übertiteln Sie also das dritte Blatt mit »Was ich stattdessen will« und wenden Sie sich den Punkten zu, die Sie auf beiden Blättern unterstrichen hatten.

So lässt sich bei allen Punkten, die unter »Was ich nicht mehr will« stehen, durch die Wendung ins Positive der dahinter verborgene Zukunftswunsch aufspüren. Nehmen Sie sich also zunächst die unterstrichenen Sätze vor Falls Sie nun mehr als zehn wichtige veränderungswürdige Punkte auf dem dritten Blatt stehen haben, filtern Sie die zehn wichtigsten, positiv formulierten Wünsche heraus.

# Neue Ziele, neue Wege

Wenn wir uns darüber klar geworden sind, was uns antreibt und was uns erstrebenswert erscheint, ist der nächste Schritt, auszuloten, welche Wege es gibt, das Ersehnte Wirklichkeit werden zu lassen. Wo es bisher um Träume und Wünsche ging und wir die Richtung erkannt haben, in die sich unsere Sehnsüchte bewegen, wird es jetzt konkret. Menschen, die sich auf ihrem Lebensweg neu orientiert haben, sagen häufig, sie hätten eine ganz klare Vorstellung davon entwickelt, was sie verwirklichen wollten, und hätten dann diese Zielvorstellung immer fest im Blick gehabt.

# Ziele gibt es in allen Größenordnungen

Ziele strukturieren unser Leben. Anders als bloße Wünsche geben sie uns Halt, Struktur und Richtung. Um selbstbestimmt die Initiative zur Veränderung ergreifen zu können, ist es gut, wenn wir uns möglichst deutlich vorstellen können, wie es sein wird, wenn wir unsere Vorstellung verwirklicht haben.

Wünsche und Träume spiegeln einen ersehnten Zustand wider. Ein Ziel, das wir uns bewusst setzen, erfordert es hingegen, sich auch Gedanken über den Weg dahin zu machen. Es ist notwendig zu wissen, was wir wann und in welcher Abfolge tun müssen, um da hinzukommen, wo wir hinwollen. Beim Wünschen und Träumen können wir ganz passiv bleiben, so, als würden wir uns einen schönen Film anschauen. Ein Ziel aber fordert uns zum Handeln auf: Es fordert von uns, einen denkbaren Weg zu finden, um das, was wir uns vorstellen, Wirklichkeit werden zu lassen. Auch in den Fällen, wo wir keinen Einfluss auf die Verwirklichung unserer Vorstellung nehmen können, handelt es sich nicht um ein Ziel, sondern wiederum lediglich um einen Wunsch. Wenn das, was wir anstreben, völlig von der Gunst oder den Entscheidungen anderer abhängt, vom Glück, vom Zufall oder vom Schicksal, liegt seine Umsetzung nicht in unserer Hand. Ein Ziel muss durch uns selbst und durch eigene Aktivitäten erreichbar sein.

Ziele sind Wegweiser. Sie unterstützen unsere Klarheit bei vielen Entscheidungen und zeigen uns, in welche Richtung wir uns bewegen sollen.

Ohne zu wissen, was wir wollen, ist die Gefahr viel größer, dass unser Leben von den Interessen anderer oder von Geschehnissen in unserer Umgebung bestimmt wird. Dies hatte ja auch dazu geführt, sich »falsch« zu fühlen und sich nun auf die Suche nach dem »Richtigen« zu machen. Andernfalls reagieren wir auch weiterhin vorrangig auf das, was gerade in unserer Umgebung geschieht, und verlieren das, was wir für uns als wichtig erkannt haben, wieder aus den Augen. Wenn wir klar vor Augen haben, was wir verwirklichen wollen, können wir viel bestimmter unseren eigenen Weg gehen und es fällt uns leichter, ein Nein zu Anliegen und Forderungen zu formulieren, die uns von unserem Vorhaben ablenken oder in eine andere Richtung lenken würden. Wenn wir wissen, was wir wollen, und es ernst damit meinen, dann werden wir – bewusst und unbewusst – darauf hinarbeiten.

Wenn das Warum stark genug ist, werden wir immer ein Wie finden. Erst wenn Sie ein starkes Motiv in sich spüren, erst wenn Sie genau wissen, warum eine Veränderung jetzt das Richtige ist, kann Ihre Zukunftsvorstellung ausreichend »Feuer«

entwickeln, um auf Umsetzung zu drängen. Je klarer uns unsere Gründe sind, desto mehr Energie werden wir bereit sein, in den Weg zum Ziel zu investieren.

Und es macht uns glücklich und zufrieden, wenn wir uns Schritt für Schritt auf das zubewegen, von dem wir wissen, dass es uns zur Erfüllung einer tief empfundenen Sehnsucht führt.

*Heute nehme ich mir Zeit*
*für meine Träume und Ziele!*

Tipp Nr. 10
Leicht werden

# Die Kunst des Loslassens entdecken

# Klare Abschiede

Sich für etwas entscheiden heißt immer auch, sich gegen etwas anderes zu entscheiden. Oft hängen uns gerade dann, wenn wir etwas Neues beginnen wollen, vergangene Erfahrungen nach. Wir würden ja gerne, aber … Und dann kommen die Erinnerungen an ähnliche Vorhaben zurück, die in unserer Vorstellung allesamt schiefgegangen sind. Die ständige Erinnerung an negative Vorerfahrungen kann unsere Initiative im Hier und Jetzt beeinträchtigen oder abbremsen. Oftmals rührt ein mulmiges Bauchgefühl genau aus dieser Quelle. Wir neigen dazu, gemachte Erfahrungen zu generalisieren. Was funktioniert hat, betreiben wir weiter, was nicht funktioniert hat, lassen wir bleiben. Das ist an sich ja auch gut so. Allerdings übertragen wir – oft unbewusst – gemachte Erfahrungen auf Situationen, die damit gar nichts zu tun haben, nur weil sie eine oberflächliche Ähnlichkeit aufweisen.

Wer sich in der Schule beim Gedichtaufsagen vor der Klasse blamiert hat, schwitzt Jahrzehnte später bei der Präsentation in der Firma Blut und Wasser.

Wer als Kind damit Erfolg hatte, seinen Willen zu bekommen, wenn er sich möglichst klein machte und brav bitte sagte, der wendet diese Strategie vielleicht auch später in Gehaltsverhandlungen an. Was einmal funktioniert hat, funktioniert aber nicht immer, und wenn einmal etwas schiefgegangen ist, heißt das nicht, dass es in allen künftigen Fällen auch schiefgehen muss. Viele Generalisierungen folgen keiner Logik, sie gründen auf oberflächlichen – und oft nur scheinbaren – Ähnlichkeiten.

Aus gebündelten Erfahrungen werden innere Haltungen. Wir sollten uns bewusst machen, welche entmutigenden Erfahrungen und Botschaften aus der Vergangenheit uns heute noch beeinflussen und uns daran hindern, unser Leben so zu führen, wie wir es uns wünschen. Denn erst dann können wir darangehen, diese alten Überzeugungen Stück für Stück zu entmachten und an ihre Stelle neue, ermutigende und selbststärkende Überzeugungen anzunehmen.

Auch eine Frage wie: »Was hätte ich damals anders machen können, um die Vorstellungen, die ich hatte, zu verwirklichen?« muss nicht dazu führen, endlos weiter mit dem Vergangenen zu hadern und sich bestimmte Entscheidungen lange übel zu nehmen. Sie kann vielmehr dabei helfen, zu erkennen, welche Faktoren auch im Hier und Heute zu berücksichtigen sind. Und die Erfahrung selbst als Teil der persönlichen Geschichte zu würdigen und loszulassen.

Die Ebene der Vorwürfe an uns selbst oder an andere zu verlassen und unseren Frieden mit dem Gewesenen zu schließen hilft uns dabei, nach vorne zu schauen. Indem wir uns vergegenwärtigen, was wir infolge bestimmter Entscheidungen gelernt haben, können wir unsere heutigen Möglichkeiten genauer ausloten und auf Fähigkeiten zurückgreifen, die wir auf vermeintlichen Abwegen erworben haben.

Wenn wir die Lehren aus gemachten Fehlern gezogen haben, wissen wir, worauf wir heute besonders achten müssen und wie wir achtsamer mit uns umgehen können. Wir brauchen uns aber das damalige Geschehen nicht mehr ständig als Mahnmal vor Augen zu halten, sondern können uns auf die Gegenwart konzentrieren und mittels der Entscheidungen, die wir treffen, die Weichen für die Zukunft so stellen, dass unsere Lebenszufriedenheit stetig wächst.

## Übung: Abschied von alten Geschichten

Nehmen Sie sich eine Viertelstunde Zeit und halten Sie Stift und Papier bereit beziehungsweise legen Sie eine neue Datei an. Werden Sie sich vergangener Entscheidungen mit negativen Auswirkungen bewusst, an die Sie auch heute noch öfter denken und von denen Sie den Eindruck haben, dass sie Einfluss auf Ihre heutigen Entscheidungen haben. Schreiben Sie diese stichpunktartig untereinander auf. Erfahrungen, die Sie als besonders prägend werten, unterstreichen Sie.
Finden Sie dann Antworten auf die folgenden Fragen:

- Wo sehen Sie Parallelen zwischen der jetzigen und einer – oder mehrerer – früheren Entscheidung?

- Welche Befürchtungen sind durch das damals Erlebte in Ihnen entstanden?

- Was davon ist die stärkste Befürchtung?

- Worin unterscheiden sich die damaligen Situationen von der heutigen? Finden Sie möglichst viele Unterschiede (beteiligte Menschen, Umstände, Voraussetzungen).

- Was haben Sie aus den vergangenen Fehlschlägen gelernt? Worauf sollten Sie heute besonders sorgfältig achten? Was sollten Sie sicherstellen?

- Wie können Sie dafür sorgen, dass die damaligen Faktoren, die zum Scheitern beitrugen, heute keine Rolle mehr spielen?

Indem Sie das damalige Geschehen reflektieren und Lehren daraus ziehen, ist es durch den veränderten Blick darauf auch schon ein Stück weit verwandelt. Nicht mehr Versagen, Schuld und Scham sind die Filter, durch die Sie diese Aspekte Ihrer Vergangenheit betrachten, sondern Lernerfolge.

Das erleichtert es Ihnen, das »Damals« loszulassen und es nicht länger unbewusst mit dem Heute zu verwechseln.

Um mit sich ins Reine zu kommen, müssen Sie loslassen. Verabschieden Sie sich von Illusionen, gestehen Sie sich ein, dass bestimmte Erwartungen verfehlt waren und sich nicht erfüllen werden. Dann hört der innere Kampf auf und es vertieft sich die Akzeptanz für die Situation: Es ist eben so, wie es ist. Nach einem überstandenen Herzinfarkt müssen Sie Ihren Lebensstil ändern. Wenn Sie Vermögen verloren haben, müssen Sie bescheidener als bislang wirtschaften. Und: Gewohntes loszulassen bedeutet nicht immer, einen Verlust zu erleiden. Manchmal öffnet es auch Türen für neue Verhaltensweisen, die uns nach einiger Eingewöhnung viel mehr Zufriedenheit bringen.

Trotzdem kann es natürlich sehr schmerzhaft sein, sich von Dingen zu verabschieden, die nicht mehr rückholbar oder von Vorstellungen, die nicht mehr realisierbar sind. Wir weigern uns manchmal vehement, einzusehen, dass wir einiges von dem, was wir erträumt hatten, nicht mehr erreichen werden. Doch am Status quo festhalten zu wollen führt in die Stagnation. Die nüchterne Klarheit über die verbliebenen Möglichkeiten mag zunächst nicht besonders verlockend erscheinen. Dennoch lohnt es sich, diesen Schritt zu tun, denn dies bildet die Basis für Ihr künftiges Handeln.

*Ich lasse los, was mich belastet,*
*und schaue voll Zuversicht*
*in die Zukunft.*